Geist Gottes

Gott schenke dir seinen Geist,
der dich wie ein Sturm vorantreibt
und alles lebendig macht.
Möge er frischen Wind
in deine Vorhaben bringen
und das Feuer der Begeisterung
in dir entfachen,
damit du froh und voller Gottvertrauen
in eine hoffnungsvolle Zukunft
blicken kannst.

Beflügle mich, Herr

Manchmal, wenn ich mutlos
und total am Boden bin,
wenn ich nicht mehr weiterweiß
und wie gelähmt bin,
wenn mir das Herz schmerzt,
die Schwere meiner Gedanken
mich herunterzieht,
dann wünschte ich, ich hätte Flügel
und könnte zu dir fliegen,
um unter deinen Fittichen
geborgen zu sein.

BeGEISTert sein

Möge Gottes Geist
in dir lebendig werden.
Er möge dir die Augen öffnen
für die Nöte deiner Mitmenschen.
Er schenke dir offene Ohren,
um auch die leisen Töne
und stummen Hilferufe zu hören.
Er schenke dir ein fröhliches Herz,
damit andere sich an dir freuen können
und die Welt durch dich
ein wenig besser wird.

In deiner Hand

Fünf Finger an deiner Hand –
drohend zu einer Faust geballt
oder dem Nächsten
zur Versöhnung gereicht.

Es liegt in deiner Hand!

Zündende Idee

Hörst du mir überhaupt zu,
wenn ich mit dir spreche, Gott?
Manchmal frage ich mich,
was du mit mir vorhast.
Hast du einen Plan für mich
und mein Leben in der Tasche?
Ich habe viele brennende Fragen.
Vielleicht sollte ich doch mal
wieder mit dir sprechen,
um zu hören, was du dir
für mich ausgedacht hast.
Vielleicht hast du die zündende Idee,
um es zwischen uns funken zu lassen,
damit ich wieder Feuer und Flamme
für dich sein kann, Gott.

Du bist nicht allein

Ich wünsche dir,
dass dein Glaube dich trägt.
Denke daran, Gott ist bei dir.
Wenn du dich verlaufen hast
oder in einer Sackgasse steckst,
sagt er dir, dass du umkehren darfst.
Wenn du stolperst und fällst,
richtet er dich wieder auf.
Wenn du enttäuscht und mutlos bist,
hilft er dir wieder auf die Beine.
Deinen Weg musst du selbst finden,
aber du bist nicht allein.

Jeder braucht
dann und wann ...

... ein offenes Ohr,
eine offene Tür,
einen Menschen,
der ermutigt
und dich spüren lässt,
dass du einmalig
und wichtig bist.
Herr, jeder braucht einen Menschen –
vielleicht auch mich.

Stress mit dem lieben Gott

Gott, ich habe Stress mit dir!
Stets kommst du mir zuvor.
Wenn ich sage: „Es tut mir leid!",
dann hast du mir schon längst verziehen.
Wenn ich versuche, dich zu suchen,
dann hast du mich schon längst gefunden.
Wenn ich mich auf den Weg
zu dir mache,
dann stehst du längst am Ziel
und wartest auf mich.
Und wenn ich anfange,
mich von dir abzuwenden,
dann überschüttest du mich
mit deiner Liebe.

Guter Gott,

manchmal, mitten im Leben,
spüre ich deine Anwesenheit
und manchmal spüre ich sie nicht.
Ich spüre sie in Menschen,
die es gut mit mir meinen,
die mir ihre Liebe und Wertschätzung zeigen
durch ein gutes Wort oder eine helfende Hand.
Und manchmal spüre ich sie auch
tief in mir drin, in meinem Herzen.
Aber es gibt auch Momente,
in denen ich sie nicht spüre
und die mich zweifeln lassen.
Guter Gott, schicke mir deinen Geist,
damit ich dich suchen
und entdecken kann in dem,
was mir im Leben begegnet
und auch in mir selbst.

Dann kamst du

Es ging nicht mehr.
Ich konnte nicht mehr.
Ich sah keinen Ausweg mehr.
Das Wasser stand mir bis zum Hals.
Doch dann kamst du, Herr.
Du reichtest mir die Hand
und hieltst mich über Wasser.

Gott, du bist überall

Du bist vor mir,
denn du weist mir meinen Weg.
Du bist hinter mir,
denn du treibst mich voran.
Du bist neben mir,
denn du begleitest mich
auf meinen Wegen.
Du bist über mir,
denn du hältst deine Hände
schützend über mich.
Du bist unter mir,
denn du fängst mich auf, wenn ich falle.
Du bist um mich herum,
denn du schließt mich in deine Arme.
Du bist stets bei mir.
Wovor also sollte ich mich fürchten?

Was ich dir wünsche

Ich wünsche dir nicht, dass du alles glaubst,
was man dir sagt, doch dass du den festen
Glauben an das Gute niemals verlierst.

Ich wünsche dir nicht, dass du immer im
Mittelpunkt stehst, doch dass du immer einen
Menschen an deiner Seite hast, der dir eine
Stütze ist und dir Halt gibt.

Ich wünsche dir nicht, dass du ganz ohne
Furcht bist, doch dass du den Mut hast,
dich auf einen Weg einzulassen und diesen
bis zum Ziel zu gehen.

Ich wünsche dir nicht ein Leben ganz ohne
Probleme, doch eines, in dem du darauf
vertrauen kannst: Gott hält stets seine Hand
über mich.